LE

SERVICE MILITAIRE

AUX COLONIES

PAR

le Général PRUDHOMME

PARIS

LIBRAIRIE MILITAIRE R. CHAPELOT et Cᵉ

IMPRIMEURS-ÉDITEURS

30, Rue et Passage Dauphine, 30

—

1904

SERVICE MILITAIRE

AUX COLONIES

PARIS. — IMPRIMERIE R. CHAPELOT ET C^o, 2, RUE CHRISTINE.

LE
SERVICE MILITAIRE

AUX COLONIES

PAR

le Général PRUDHOMME

PARIS

LIBRAIRIE MILITAIRE R. CHAPELOT et C°

IMPRIMEURS-ÉDITEURS

30, Rue et Passage Dauphine, 30

1904

Tous droits réservés.

LE
SERVICE MILITAIRE
AUX COLONIES

Nous avons déjà publié sous ce titre un court article sur la matière, mais elle est d'importance assez grande pour être traitée dans ce recueil plus amplement que dans un simple article de journal, et nous espérons que les lecteurs de la *Revue militaire française* y trouveront quelque intérêt.

D'après la nouvelle loi de recrutement votée par le Sénat, le service de deux ans serait imposé, comme en France, à tous les jeunes gens du contingent résidant aux anciennes colonies (Guadeloupe, Martinique, Guyane, Réunion, Algérie et Tunisie assimilée sous ce rapport à la précédente); ceux des nouvelles colonies (Madagascar, Nouvelle-Calédonie, Indo-Chine) ne seraient astreints qu'à un an de service, comme le sont actuellement les premiers, au moins en Algérie et à la Réunion, dans l'intérêt de la colonisation. Fort bien, car il est naturel que les colons soient plus ou moins astreints au service militaire, comme les métropolitains; mais ce qui l'est moins, c'est d'imposer à ces colons l'obligation de faire leur service dans la métropole, sous prétexte de parfaire leur assimilation avec les habitants de la mère-patrie. Outre les énormes frais de transport qu'entraînerait cette disposition, il y aurait à la pratiquer de grands inconvénients, sans réel avantage compensateur. Il en coûterait fort cher, en effet, pour transporter les jeunes créoles dans la métropole, où ils devraient accomplir leur service militaire, et pour les rapatrier ensuite ; mais ce ne serait pas le pire résultat de la mesure.

Et d'abord, comment se trouveraient ces jeunes créoles, habitués à un climat chaud, de leur séjour d'un ou deux ans en France où, de par les dures exigences du service militaire, ils seraient exposés à toutes les intempéries et commenceraient par subir les rigueurs de l'hiver ? Ils ne manqueraient pas d'y contracter des rhumes, bronchites et pneumonies qui dégénéreraient facilement en tuberculose. Après avoir passé le plus clair de leur temps à la chambre, dans les infirmeries ou les hôpitaux, ils devraient être réformés ou succomberaient au fléau qui décime déjà si terriblement nos contingents métropolitains eux-mêmes.

De plus, il faudrait continuer à entretenir en égal nombre dans les colonies des troupes métropolitaines dont l'appoint serait bien utile dans nos corps continentaux, permettant d'y conserver les quatrièmes bataillons qu'on supprime, faute de contingents suffisants pour les alimenter, même avec le service de trois ans.

Combien ce serait plus appréciable encore avec le service de deux ans, qui privera l'armée d'un contingent sur trois ! — Et cependant la Commission de la Chambre, modifiant la loi votée par le Sénat, n'impose qu'un an de service à tous les créoles des anciennes comme des nouvelles colonies, mais aussi à faire en France, toujours en vue de l'assimilation à compléter. Toutefois, en ce qui concerne les Algéro-Tunisiens, ils devront s'engager à résider en Algérie-Tunisie jusqu'à leur passage dans l'armée territoriale, c'est-à-dire pendant leur douze ans de réserve, et à ne pas s'en absenter durant plus de deux mois par an. N'est-ce pas là ajouter un grave inconvénient à ceux qui ont été déjà signalés et créer de nombreux cas d'insoumission ?

Enfin n'est-on pas autorisé à redouter que, par analogie avec les campagnards qui restent à la ville après leur libération du service militaire, au lieu de retourner aux champs, de trop nombreux créoles ne demeurent dans la métropole plutôt que de regagner leur colonie, et qu'il n'en résulte une dépopulation coloniale tout aussi regrettable que celle de nos campagnes ?

Et tout cela dans quel but ? Pour mieux assimiler, dira-t-on encore une fois, les habitants de nos colonies à ceux de la mère-patrie. Mais, si cette nécessité s'imposait, il y a beau temps qu'il aurait fallu y satisfaire, en appliquant la mesure projetée, à supposer qu'elle soit efficace. L'adoption du service de trois ans eût été l'occasion de le faire, puisqu'il a le premier astreint les créoles au service militaire actif, et pourtant il ne l'a exigé que pour ceux de l'Algérie et de la Réunion, et sans transplantation. Croit-on vraiment d'ailleurs que deux ans, et surtout un an seulement de séjour dans un corps de France soient nécessaires et suffisants pour faire d'Espagnols et d'Italiens naturalisés de bons Français ? Évidemment non, et il ne faut pas chercher à en faire plus que de bons Algéro-Tunisiens, servant bien l'Algérie-Tunisie, leur patrie d'adoption. A la vérité, le loyalisme des populations de nos anciennes colonies a donné trop de preuves de sa réalité pour qu'on puisse en douter et qu'on ne doive pas viser à l'accroître encore par un procédé qui serait de nature à nuire à ces colonies, sans avantage pour la métropole. Il y faudrait donc renoncer, même s'il n'y avait pas d'autres motifs pour cela, et il y en au moins deux encore.

*
* *

C'est surtout en vue d'appliquer *ne varietur* le principe d'égalité de la durée du service militaire obligatoire pour tous qu'on veut imposer la loi de deux ans aux coloniaux, comme aux continentaux, dans toute sa rigueur, c'est-à-dire non seulement pour le même temps, mais aussi hors de leur résidence et dans le même but de fusion des premiers avec les seconds que de ceux-ci entre eux. Or, sans méconnaître la valeur de ce principe et l'importance des résultats de son application, il faut avouer qu'elle nuirait à la colonisation, comme on l'a dit, et serait trop rigoureuse pour les colons, même s'ils ne faisaient qu'un an, mais hors de chez eux. Il est constant, en effet, que, par le fait de leur transplantation dans la métropole, ils seront éloignés de leurs parents et ne pourront jouir des dispositions favorables prévues par les circulaires d'août et de novembre 1903 et des permissions ordinaires qu'a maintenues l'article 38 de la loi votée par le Sénat.

Si c'est donc avec raison que la Commission de la Chambre a

décidé que les Algéro-Tunisiens ne feront qu'une année, ce qui réduit de moitié les inconvénients signalés ci-dessus, on doit regretter qu'elle ne soit pas allée jusqu'à les supprimer entièrement en réclamant pour eux la faculté de faire leur service dans la colonie, comme à présent, le tout au double point de vue des intérêts individuels et coloniaux. Suivant en cela les législateurs de 1872 et de 1889, ce n'est pas, en effet, uniquement pour conserver au contingent algéro-tunisien une situation moins privilégiée que compensatrice que les législateurs de 1904 auraient agi en maintenant pour ce contingent une seule année de service à faire sur place, c'est aussi, et surtout dans un intérêt *général* et même *national*, comme l'a très bien dit M. Thomson dans le sein de la Commission : « C'est parce que, si les charges des Algéro-Tunisiens ne doivent pas être moindres, elles peuvent être autres que pour les habitants de la métropole. » Il en donne pour raison « les difficultés et même les dangers de l'existence du colon algérien, noyé, sous un climat pénible, dans la grande masse des populations indigènes d'une mentalité si différente de la nôtre qu'il lui faut, pour réussir, faire preuve d'une grande énergie physique et morale. Aussi a-t-on été amené à admettre que des compensations devaient être accordées à la vie coloniale. »

« Il lui paraît, d'ailleurs, qu'une année passée sous les drapeaux suffit à ces fils de colons, déjà bons tireurs et cavaliers et aptes à la marche par leur vie et leur entraînement, pour acquérir promptement l'instruction militaire. »

Se préoccupant aussi du peuplement de la colonie par l'élément français, en admettant la réduction du service militaire à une seule année, la nouvelle loi peut prescrire une charge correspondante et faire sien l'article 81 de la loi du 15 juillet 1889, ainsi conçu : « Si un Français ou naturalisé Français, ayant bénéficié des dispositions qui précèdent, transportait son établissement en France avant l'âge de trente ans accomplis, il devrait compléter, dans un corps de la métropole, son temps de service dans l'armée active. »

Cette prévoyante disposition est bien de nature, en effet, à sauvegarder les besoins d'accroissement de la population française coloniale, et l'on doit l'inscrire aussi dans la nouvelle loi comme mesure compensatrice.

Enfin « s'associant pleinement aux considérations développées par M. Thompson, M. Pourquery de Boisserin y a très fortement insisté, indiquant qu'une mentalité spéciale, qu'on pourrait appeler la *mentalité algérienne,* existe de l'autre côté de la Méditerranée, telle qu'une *fausse mesure,* imprudemment prise, pourrait avoir de grosses conséquences matérielles et morales ». Nous ajouterons seulement qu'on peut en dire autant des autres colonies, sans que cela milite davantage en faveur de procédés de fusion que nous rejetons comme aussi inefficaces que vexatoires et coûteux, et nous nous en tenons à la force de nos arguments contre leur emploi.

*
* *

Mais il y a encore un autre motif des plus puissants qui s'y oppose, c'est qu'ils seraient très nuisibles à l'autonomie des forces militaires coloniales, algéro-tunisiennes au moins, à laquelle on tend avec juste raison.

Cette utile autonomie existe déjà en partie, il est vrai, mais on y a malheureusement dérogé par l'affectation inopportune de quelques bataillons de zouaves et de turcos à des garnisons de France, où ils risquent de perdre la plupart des précieuses qualités qu'ils doivent principalement à la permanence de leur réunion et de leur séjour en Afrique.

La raison déterminante de cette *fausse mesure* est la crainte de ne pouvoir les faire contribuer, en cas de mobilisation, à la formation de nos armées de campagne. Soit, mais il valait mieux dédoubler, dès le temps de paix, nos quatre régiments de zouaves pour doter d'une troisième division d'infanterie le 14e ou le 15e corps, et laisser au moins tous nos turcos en Algérie-Tunisie où leur présence est indispensable en tout temps, ne fût-ce que pour les possibilités de leur recrutement. La guerre future ne sévira pas, en effet, seulement en Europe ; elle mettra aussi en jeu nos colonies et leurs troupes spéciales, dont il importe autant de ne pas les dégarnir que de leur assurer la plus grande cohésion possible, et le meilleur moyen est d'en compléter l'autonomie comme on l'a dit, loin d'y porter atteinte ainsi qu'on l'a fait.

Tout ce que nous venons de dire plus particulièrement des forces militaires métropolitaines, créoles et indigènes de l'Algérie-Tunisie peut s'appliquer plus ou moins à celles de nos autres colonies, dont l'assimilation est plus ou moins complète, mais où la naturalisation devrait avoir pour condition nécessaire et suffisante l'accomplissement du service militaire, comme on aurait dû l'exiger des israélites algériens, avant de leur conférer la nationalité française. Et maintenant que cette condition est remplie par eux, il faudrait en étendre le bénéfice aux autres indigènes à la suite de leur libération du service actif, de façon à les mettre enfin sur le même pied d'égalité que ces israélites, dont le privilège injustifié a été une cause de la désaffection des précédents et l'occasion de leur grande révolte en 1871. Ce sera là encore un excellent moyen d'assimilation qu'il sera loisible d'employer dans nos autres colonies, au fur et à mesure que leurs troupes indigènes nous auront rendu les mêmes services et donné les mêmes preuves de loyalisme que nos braves turcos et spahis.

Quoi qu'il en soit, on comprend qu'il importe de ne pas dépayser les unes plus que les autres, dans l'intérêt de leur précieuse autonomie, et c'est aussi dans le but de la conserver que nous avons proposé pour nos forces algéro-tunisiennes une nouvelle répartition dont il nous reste à parler.

*
* *

Le 19e corps actuel, qui ne comprend pourtant pas la division d'occupation de Tunisie, est devenu, par son énorme extension méridionale, trop lourd pour le bon exercice du commandement de son chef.

L'adjonction qui s'impose de la division susdite devra donc être l'occasion de la scinder en deux corps [1] (19e et 21e) compre-

---

[1] En proposant la création d'un 21e corps d'armée en Algérie-Tunisie, nous n'ignorons pas que ce numéro serait affecté au corps des troupes coloniales dans nos formations de campagne. Mais nous prétendons que ce devrait être seulement dans le cas où, la mer n'étant pas libre, ses troupes ne pourraient aller, dès le début des opérations, renforcer la défense de nos colonies loin-

nant, l'un les divisions d'Oran et d'Alger avec son quartier général à Oran, l'autre les divisions de Constantine et de Tunisie avec son quartier général à Tunis. Cette répartition procurerait, outre une décentralisation nécessaire, les avantages suivants :

L'emplacement des deux quartiers généraux de corps d'armée à proximité des frontières permettrait de les mieux surveiller et défendre en cas d'incursion de leurs voisins turbulents et des nomades pillards.

L'introduction de la division de Tunisie dans le 21e corps d'armée mettrait heureusement fin à l'indépendance de son commandement distinct, sans utilité et sans autre motif avouable et à peine plausible au début, que de conserver à la Régence le semblant d'autonomie garanti par la fiction du Protectorat. C'était peut-être nécessaire alors, mais vingt ans se sont écoulés depuis et il est temps de consacrer l'assimilation de la Tunisie à notre colonie algérienne en complétant l'autonomie de leurs troupes d'occupation par leur réunion.

Le maintien provisoire de la petite armée du Bey suffira pour lui conserver une apparente souveraineté destinée à disparaître un jour elle-même, ne fût-ce que par voie d'extinction.

Enfin, notre proposition avait aussi un autre but, c'est d'aller au-devant et à l'encontre de la mesure, alors projetée déjà, qui a distrait depuis la subdivision d'Aïn-Sefra du commandement de la division d'Oran et l'a rattachée directement, non pas à celui du général en chef du corps d'armée, ce qui eût été admissible à la rigueur, mais bien directement au gouverneur général de l'Algérie, et nous allons expliquer pourquoi c'est tout à fait regrettable.

Qu'à cause de l'énorme extension méridionale du territoire des divisions d'Algérie-Tunisie on ait songé à les dédoubler de façon

---

taines (auquel cas il pourrait porter le n° 21 *bis*), quoique nous n'ignorions pas davantage qu'on songe à lui confier le premier de ces deux rôles de préférence au second. A notre sens, c'est pourtant celui-ci qui est prépondérant, et celui-là seulement accessoire, parce que, nous ne cesserons de le répéter, la prochaine guerre sera générale ; elle englobera le monde entier et intéressera, par suite, toutes les colonies comme leurs métropoles ; de sorte qu'il ne faut pas sacrifier les unes aux autres, sous peine de nuire à toutes les deux.

analogue à celle qu'a proposée M. Révoil dans son discours à la séance de la Chambre du 25 mars 1902, rien de mieux. Dans un article intitulé *Les Préfets militaires* [1], le colonel de La Panouse expose, en effet, lumineusement que « tout général appelé au commandement de l'une des trois divisions territoriales d'Algérie est, de ce fait, voué à un service à deux fins et lié à deux hiérarchies distinctes : comme chef des formations de guerre de sa division et comme commandant territorial sur l'étendue du département algérien, ce général relève uniquement du général commandant le 19e corps d'armée ; comme chef des affaires indigènes et comme administrateur du territoire *dit* de commandement, il dépend directement et uniquement du gouverneur général de l'Algérie, et c'est pour cette raison que ce général de division est dit *préfet militaire* et qu'il l'est effectivement ; qu'il commande et administre une région séparée et distincte du département proprement dit, laquelle région est dénommée territoire de commandement par opposition à territoire de droit commun, et qu'enfin, pour administrer cette région beaucoup plus vaste que le département lui-même, le général de division, en Algérie, dispose d'un personnel à part, dans lequel l'élément militaire domine, mais qui comprend pourtant des agents civils, des Français et des indigènes.

« Ainsi, dans la situation actuelle, qui dérive de l'organisation primordiale en trois provinces, Alger, Oran, Constantine, lesquelles furent ensuite transformées en trois départements de même nom, chaque département civil se prolonge, au Sud, par un département militaire ; à chaque *préfet civil* s'ajoute un *préfet militaire*.

« C'est de cet arrangement que proviennent, sans contredit, le décousu, l'absence de coordination dans les mesures nécessaires pour la défense et la sécurité de toute la région « sans frontières », autrement dit : région saharienne, et aussi, pour le moment du moins, confins du Maroc.

« Au système actuel, c'est-à-dire à ce partage de l'autorité, dans chacune de ces trois tranches verticales qui partagent l'Algérie, entre un préfet civil et un préfet militaire, il convien-

---

[1] Voir le *Gaulois* du mardi 5 janvier 1904 (Supplément).

drait de substituer le système d'un territoire divisé en deux grandes bandes horizontales : celle du Nord, comportant les trois départements proprement dits ; celle du Sud, comprenant les quatre commandements permanents que M. Révoil a proposé d'établir à Ouargla, Laghouat, Adrar et Aïn-Sefra. »

Ce serait presque parfait, mais ce qui l'est moins encore, c'est le rattachement direct de la subdivision d'Aïn-Sefra au gouvernement général à Alger, car c'est l'indice que « l'on entend ainsi arriver à l'application successive, aux territoires du Sud, de l'autonomie et du groupement définis par le précédent gouverneur général, qui voulait les doter « d'une administration et d'un budget distincts de ceux de l'Algérie ». Là, en effet, nous nous séparons du colonel, de M. Révoil et de son successeur au gouvernement général de l'Algérie, M. Jonnart, qui a beau dire [1] :

« La subdivision d'Aïn-Sefra, qui comprend un immense territoire, tout le Sud-Oranais et les oasis sahariennes, et qui est exposée à toutes les surprises, ne saurait être plus longtemps assimilée à n'importe quelle subdivision de France, organisée comme elle. Elle doit constituer une sorte de marche-frontière avec des forces très mobiles et les moyens d'exercer utilement le droit de suite qui nous est accordé par les traités, sans que le général qui la commande, responsable de la sécurité de nos confins, soit forcé, pour les actes les plus insignifiants, de solliciter et d'attendre les instructions d'Oran, d'Alger et de Paris. »

On peut en dire autant, en effet, ou à peu près, des subdivisions de Laghouat et d'Ouargla, et l'on peut arriver au résultat cherché par le dédoublement des quatre divisions de nos deux corps d'armée, qui comprendraient ainsi chacun quatre divisions, deux exclusivement militaires au Nord, et, au Sud, deux mixtes comme celles d'aujourd'hui, mais relevant aussi des généraux commandant leur corps d'armée et non rattachées directement au gouvernement général. On éviterait ainsi le grave inconvénient d'un rattachement qui créerait une confusion de pouvoirs grosse de fâcheux tiraillements, sinon de conflits dangereux

---

[1] Discours tenu à l'Association des études algériennes, à Paris, le 31 octobre 1903.

entre le gouvernement civil et le commandement militaire. Quant aux avantages de ce rattachement, nous ne les trouvons même pas dans une plus grande rapidité des communications et, par conséquent, de l'exécution des opérations. Prenant, en effet, pour exemple, la subdivision d'Aïn-Sefra, seule en question actuellement, nous voyons que ses relations sont beaucoup plus promptes par Oran que directement avec Alger car, « pour 140 kilomètres de chemin de fer, il y en a 1,400 de route de Berrouaghia à Adrar, et seulement 600 kilomètres de route pour 600 de chemin de fer d'Adrar à Oran, qui est aussi relié à Alger par la voie ferrée du littoral [1] ».

Au surplus, le système que nous préconisons n'est que l'extension de celui qui a suffi à notre établissement dans le Tell, puis sur les hauts plateaux et ensuite dans la région des chotts. Pourquoi ne pourrait-il pas satisfaire aux conditions de notre installation dans les oasis sahariennes et même dans les régions désertiques encore plus méridionales où nous sommes fatalement entraînés, car *la conquête oblige ?*

Plus tard, si les événements nous poussent à établir notre protectorat sur le Maroc, pour encadrer notre Algérie à l'Ouest comme elle couverte à l'Est par la Tunisie, l'application de ce système nous permettra d'y créer un organisme militaire analogue à celui que nous voudrions voir fonctionner dès maintenant en Algérie-Tunisie de préférence à celui qu'on prétend inaugurer. Si ce n'est pas encore le moment d'y pourvoir, il importe de ne pas perdre de vue cette question d'un avenir inéluctable et peut-être prochain, de façon à ne pas la traiter au pied levé, par des expédients, mais conformément aux saines traditions de notre passé algérien.

*
* *

Mais, *à chaque jour suffit sa peine*, dit la sagesse des nations. Pour l'instant, bornons-nous sagement à organiser au mieux l'existant actuel en répartissant judicieusement nos forces colo-

---

[1] *Nos Confins du Sud-Ouest algérien*, par M. Z... — Paris, B. Chapelot, Éditeur.

niales et en confirmant leur autonomie par l'unification de leur
commandement et l'accomplissement de leur service sur place,
comme nous l'avons dit, sans pour cela leur appliquer le recrutement régional absolu plus qu'on ne le fait en France. Afin de
ne pas trop les dépayser cependant, il suffira d'appeler les
contingents dans les provinces ou colonies voisines de la leur
pour les amalgamer convenablement en vue de créer, conserver
ou parfaire l'unité nationale.

C'est surtout, imaginons-nous, ce résultat que visent les par-
tisans du service en France des Algéro-Tunisiens, en considéra-
tion des nombreux Espagnols, Italiens et Maltais naturalisés
(environ 75,000) dont ils désirent une plus complète fusion avec
nos nationaux. La recherche de ce but est sans doute des plus
louables, mais le moyen proposé pour l'atteindre serait-il assez
efficace et vaut-il qu'on lui sacrifie l'autonomie des troupes
coloniales qu'il compromettrait et qui est pourtant si désirable?
Pour notre part, nous avons assez dit pourquoi nous ne le
croyons pas. Mais, sans revenir sur les raisons que nous en
avons données, nous trouvons utile d'insister, en terminant, sur
le danger des tendances au rattachement direct des forces coloniales aux gouverneurs et même au ministère des colonies, dont
nous voyons la preuve dans le rapport de M. le député Dubief,
sur le budget des colonies pour 1904, et dans la malencontreuse
mesure dont la subdivision d'Aïn-Sefra vient d'être l'objet.

Aller plus loin dans cette voie, au lieu de revenir sur cette
mesure comme il le faudrait, serait, en effet, porter la plus
grave atteinte à l'enviable autonomie que nous défendons, et
non seulement à celle des forces coloniales, mais même à celle
des troupes de la guerre qui servent aux colonies, comme l'expose fort bien l'auteur d'un article du *Bulletin du Comité de
l'Asie française*[1], dans lequel nous croyons avoir reconnu la
manière du colonel de La Panouse.

Cette autonomie, si précieuse qu'on en a fait une condition
sine quâ non du rattachement des troupes de la Marine à la
Guerre, nous ne saurions mieux en compléter la défense que ne

---

[1] Livraison de décembre 1903. — Paris, 19, rue Bonaparte, au siège du
Comité.

l'a fait l'auteur du susdit article, auquel nous renvoyons le lecteur. Il nous sera permis d'ajouter seulement que, si nous nous sommes étendu plus spécialement, dans notre étude, sur le service militaire colonial en Algérie-Tunisie, c'est parce que cette colonie est la plus importante de nos possessions d'outremer et que ce que nous en avons dit, encore une fois, peut s'appliquer aux autres, toutes proportions gardées quant à leur valeur, à leur éloignement et à leur plus ou moins grande assimilation à la mère-patrie..

Nous résumerons donc, pour finir, nos propositions par l'expression des *desiderata* suivants : réunion des colonies voisines et similaires sous un gouvernement unique, Tonkin, Annam, Cochinchine et Cambodge, Algérie et Tunisie, par exemple ; conservation de l'autonomie de leurs troupes d'occupation, tant indigènes que métropolitaines, sans rattachement direct à leurs gouverneurs ; accomplissement sur place de leur service militaire. Par ainsi l'on se conformera avantageusement en l'espèce à l'enseignement du proverbe : *A chacun son métier.*..

Paris. — Imprimerie R. Chapelot et Cᵉ, rue Christine, 2.

PARIS. — IMPRIMERIE R. CHAPELOT ET Cᵉ, 2, RUE CHRISTINE.